LA
TURQUIE

Son Passé, son Avenir

PAR

MIDHAT PACHA

PARIS
LIBRAIRIE DES FACULTÉS
A. MICHALON
26, Rue Monsieur-le-Prince, 26
—
1901

LA TURQUIE

SON PASSÉ — SON AVENIR

LA
TURQUIE

Son Passé, son Avenir

PAR

MIDHAT PACHA

PARIS
LIBRAIRIE DES FACULTÉS
A. MICHALON
26, Rue Monsieur-le-Prince, 26

1901

Nous venons soumettre au public la brochure de Midhat Pacha, publiée dans *The nineteenth Century,* lors de son séjour à Londres.

Quoique cette brochure date d'une époque assez ancienne, le contenu relatant la situation et la conduite actuelle et réelle des Ottomans, gardera toute son importance.

Pour éclairer la question d'Orient et les intrigues du Camarilla, nous publierons prochainement les différentes œuvres inédites de Midhat Pacha, telles que : la question d'Orient, les relations de ce grand vizir en Europe, la cause et la conséquence de la guerre fatale de 1878, les conduites des Sultans Abdul-Aziz, Murad V et Abdul Hamid II, ses lettres; son exil avant sa mort tragique, etc.

Jusqu'à ce jour, les différentes publications turques, anglaises et françaises, nous ont donné une idée assez exacte sur ces sujets. Malheureusement, les points saillants n'ont pas été mis en relief.

En publiant cette brochure, je désire éclaircir ces quelques points. Il y a aujourd'hui des partis et des personnages qui critiquent la Constitution de Midhat Pacha et qui prétendent que le peuple n'est pas encore préparé aux bienfaits d'un gouvernement constitutionnel.

Cette idée bien étrange ne peut venir que de ceux qui veulent se courber devant un gouvernement despotique. La lutte qui dure depuis vingt-cinq ans et qui a enseveli des familles entières, n'a été livrée que pour cette Constitution qu'on avait donnée au peuple avec des serments et qu'on lui a ravie. Le peuple ottoman est prêt pour un gouvernement constitutionnel. La démocratie n'est-elle pas la base de ses mœurs et de sa religion ?

Il y a encore des partis qui veulent objecter la Constitution en disant que la Chambre ottomane aurait dû accepter la Conférence de 1876, et prétendent que c'est ce refus qui amena la guerre néfaste et cet état de choses pitoyables.

Mais il faut s'arrêter là. Le peuple ottoman a rejeté à l'unanimité les conclusions inacceptables de cette Conférence et a réclamé le maintien de la Constitution.

La Constitution était désirée, et souhaitée par le peuple, par l'Angleterre libérale et la France républicaine.

M. Thiers, dans une lettre adressée au Sultan, faisait l'éloge de la Constitution qui, disait-il, « pourra mettre fin à cette situation lamentable de la Turquie ». Lord Derby et Disraeli voyaient dans la Constitution, l'unique moyen de salut de l'empire et conseillaient d'accepter certains points abordables de la Conférence. L'Europe, à l'exception de la Russie avec M. Bismarck et le Sultan, était pour la Constitution.

En un mot, le Sultan voulut faire la guerre non à la Russie, mais à cette Constitution, sachant très bien que la Russie de son côté ne faisait la guerre à la Turquie que pour mettre en danger son intégrité et son indépendance.

Bismarck, dans l'intérêt de l'Allemagne et suivant sa promesse faite à la Russie, ne faisait que caresser les idées belliqueuses du Tzar.

Je n'ai pas la prétention de parler ici au nom d'un parti politique, ni au nom d'une religion quelconque, ni en celui de personne, je ne parle que comme un Ottoman, aimant la liberté, dévoué à l'indépendance, menacé par l'Europe civilisée, détestant le despotisme et le détestant d'autant plus, que ce despotisme ravage ma Patrie et fait couler le sang innocent de tant d'êtres humains.

Si un jour la Turquie venait à se relever de cet horrible état de lutte, où elle s'est engagée depuis des années entières, avec l'aide des Puissances intéressées, ce jour là serait pour le siècle qui commence, une auréole de gloire et de triomphe.

Ce relèvement de la Turquie est aussi souhaité par beaucoup d'hommes d'Etat qui voient la Paix de l'Europe et l'intérêt des puissances dans la conservation de l'intégrité de l'Empire Ottoman.

Or il est presque impossible de conserver l'intégrité, la tranquillité de cet Empire, et la paix en Europe, tant que ce pauvre pays sera soumis à un régime de despotisme.

Je suis convaincu que les puissances (sans citer leur nom) qui ont des intérêts en Turquie jouissent d'assez grands privilèges. Au nom de l'Humanité et de la Paix, elles doivent se contenter de ce qu'elles ont obtenu.

Il faut qu'on travaille aussi pour la sécurité des habitants de ce malheureux pays, en leur rendant la justice qui assurera la paix.

La transformation de ce régime despotique en un régime libéral et éclairé éveillera parmi le peuple des sentiments de solidarité dignes de notre siècle de progrès.

Il faut bien se convaincre de cette idée que la Turquie ne peut jamais être dans l'avenir un pays docile sous une domination étrangère.

On pourrait la dominer par la force sans pouvoir supprimer le foyer et le danger d'une révolution inquiétante. Si la Turquie reste dans son état actuel, elle fera renaître un danger politique, qui amènera de graves questions et ébranlera la politique extérieure des puissances intéressées, et nous verrons alors ce siècle faire ses premiers débuts dans le sang. Si la Turquie a résisté et résiste encore sous ce pitoyable régime, c'est grâce à l'encouragement qu'elle reçoit des puissances, c'est grâce aux martyrs qu'on sacrifie journellement et c'est grâce encore à la conduite du gouvernement, qui exploite les revenus du pays à corrompre les mœurs, et qui use de la diplomatie ou de l'espionnage, pour soulever des questions, pour faire naître des guerres intestines entre les races et montrer fanatique le peuple aux yeux de l'Europe. Mais aujourd'hui le trésor est vide et une grande partie du peuple proteste contre cette conduite outrageante.

L'espionnage élevé à la hauteur d'une institution a ravagé le peuple en l'obligeant à s'expatrier ou à s'exiler. De plus la querelle entre les différentes races est aussi une cause d'émigration.

Les puissances ont trop d'intérêt dans le maintien du statu quo, pour songer à modifier ce monstrueux état de choses.

La politique intérieure aussi bien que la politique extérieure n'est qu'une lutte désespérée.

L'énervement et le mécontentement sont au paroxysme. Le gouvernement ne se maintient, malgré son impopularité, que par la force des armes.

Créer une Arménie en arrachant un coin de terre au pays et en octroyant une indépendance à l'une des races de l'Empire, serait le signal d'allumer le feu de la révolution et de commencer ainsi le démembrement de la Turquie.

La responsabilité de cette lourde tâche, qui pourra mettre en danger la situation de l'Europe, serait un acte dénué de clairvoyance de la part des puissances.

La Conférence de la Paix n'obtiendra aucun succès tant qu'elle se refusera à voir le foyer du danger (aujourd'hui à l'état latent) demain se rallumer à la moindre étincelle.

Les réformes sont-elles nuisibles à la Turquie ? Cela n'est pas de notre avis, mais c'est celui du gouvernement qui, avec des tortures inutiles, fait disparaître un réformateur pour en susciter dix autres.

L'idée du parti rénovateur est en marche ; elle atteindra son but malgré le despotisme.

L'Angleterre, la France, l'Allemagne, etc., ne sont-elles pas passées par là ?

Ali Haydar Midhat.

LA TURQUIE

SON PASSÉ — SON AVENIR

Londres, mai 1878.

Tous ceux qui attendaient avec anxiété une solution de la question d'Orient conforme à l'intérêt européen doivent aujourd'hui, en présence des complications de tous genres qui viennent de surgir, chercher à connaître quel a été, en réalité, le motif de leurs mécomptes, la cause véritable de leur déception.

Cette cause, selon moi, se trouve dans les renseignements contradictoires ou peu précis, dans les informations à la fois vagues et incomplètes qui ont été données en diverses circonstances sur les faits historiques, sur la situation géographique et ethnographique de l'Empire Ottoman, ainsi que sur le caractère, les mœurs et les aspirations des différents peuples qui le composent.

En effet, ces renseignements varient d'après les vues et les tendances spéciales des diverses races qui diffèrent entre elles sous le triple rapport de la politique, de la religion et de l'organisation sociale ; et la vérité, subissant tour à tour ses influences contraires, reste le plus souvent ignorée ou n'apparaît que sous un jour douteux et voilé.

Mais, de même qu'il est naturel de voir des peuples dont les intérêts ne s'harmonisent guère au milieu du choc continuel des idées et des passions, fournir à l'opinion publique, chacun pour le service de sa propre cause, des renseignements contradictoires, il n'y a pas lieu non plus de s'étonner que des écrivains qui n'ont jamais vu l'Orient, ou qui, l'ayant visité, n'y ont pas séjourné assez longtemps pour se former une idée nette et précise sur les questions qu'ils sont appelés à juger, ne se soient pas toujours conformés à la vérité dans leurs écrits. Il est donc clair que, pour parler de l'Orient, il faut le bien connaître, de même que, pour bien juger les questions qui s'y rattachent, il importe d'avoir des données exactes sur les faits qui le concernent.

Des hommes de bonne foi avaient pensé jusqu'à ces derniers temps que c'est uniquement en vue de l'amélioration du sort des chrétiens de l'Orient que la Russie s'est imposé le sacrifice d'une grande guerre. Etait-ce bien là son but, et ce prétexte ne cachait-il pas d'autres desseins qu'il n'est plus besoin de divulguer ? Aujourd'hui, tout le monde sait ce qu'il en faut penser, les derniers événements de la guerre ayant mis à nu la vérité toute entière.

Mais, comme nos ennemis n'ont point cessé de parler de la prétendue servitude des chrétiens, ainsi que du devoir qui s'imposait à l'Europe de les délivrer du joug sous lequel ils gémissent, et que beaucoup de personnes croient encore que les chrétiens sont traités comme tels, il importe de démontrer la fausseté de ces accusations en parlant des rapports qui existent en Turquie entre musulmans et chrétiens et particulièrement des principes qui ont toujours guidé le gouvernement dans sa manière d'agir à l'égard de ses sujets non musulmans.

Un regard rétrospectif jeté sur l'histoire éclairera la situation d'un jour nouveau.

Il est notoire que le principe de l'Islamisme est fondé sur la base de la démocratie et de la liberté ; or, le système du gouvernement Ottoman est conforme à ce principe ; de là la liberté individuelle et l'égalité devant la loi, de tous les sujets ottomans.

C'est en vertu de ce même principe que toutes les religions ont, de tout temps, joui en Turquie de la sécurité ainsi que de la plénitude de leur liberté, soit pour exercer leur culte, soit pour gérer à leur gré les intérêts de leurs communautés respectives. On sait, d'ailleurs, que la religion musulmane prescrit la justice et menace de châtiments les plus sévères ceux qui s'en écartent.

Les fondateurs de la dynastie ottomane doivent leur premier succès plus à la justice qu'ils ont montrée pour tous, envers tous, qu'à la force de leurs armes. C'est par l'équité qu'ils ont développé leur autorité naissante et qu'ils l'ont étendue aux contrées voisines, qui, avant même qu'elles ne fussent attaquées par leurs armes, étaient déjà moralement acquises à leur domination, tant est grand le rayonnement de la justice !

Lorsque la Roumélie fut conquise, il était au pouvoir des conquérants de forcer les chrétiens d'embrasser l'Islamisme : ils n'en firent rien ; les nobles principes qu'ils professaient leur défendaient d'exercer aucune pression, aucune violence sur les consciences des peuples soumis à leur sceptre ; ils permirent aux vaincus de conserver leur religion, leur langue et tous leurs biens, leur accordant en outre le privilège de diriger à leur gré les affaires de leur communauté et d'organiser comme ils l'entendaient leurs écoles, sur lesquelles le Gouvernement n'a jamais exercé de contrôle. Nos souverains peuvent se glorifier d'avoir été et d'être jusqu'à ce jour les protecteurs de tous les cultes, à telles enseignes que notre tolérance en matière de foi est devenu proverbiale.

Pour donner un exemple de la déférence des Sultans à l'égard des chrétiens, je me permets de citer deux faits historiques qui fourniront la preuve de ce que j'avance.

Après la prise de Constantinople par le sultan Mohammed II, le rétablissement de l'ordre et la proclamation d'une amnistie, ce souverain ordonna la formation d'un divan (réception solennelle) auquel il convia le Patriarche grec. Il envoya même tous ses ministres à la rencontre de ce personnage. Dans ce temps, le souverain ne se levait jamais devant qui que ce fût et à plus forte raison devant le chef spirituel d'une nation conquise ; mais, à cette occasion, il dérogea à la règle ; en quittant sa place, il fit dix pas au-devant du Patriarche et, le prenant par la main, il le fit asseoir auprès de lui, il lui donna ensuite comme signe du renouvellement de son autorité spirituelle un sceptre qui aujourd'hui même, dans les cérémonies solennelles, est porté par un prêtre devant le Patriarche.

Ce même Sultan voulant, dans la suite, s'assurer que les tribunaux qu'il avait institués à Constantinople faisaient justice aux chrétiens comme aux musulmans, et pour rassurer sans doute les peuples conquis sur les craintes qu'ils pouvaient concevoir au sujet d'une procédure à laquelle ils n'étaient pas encore accoutumés, pria le patriarche de lui désigner deux ecclésiastiques, instruits et compétents, qu'il chargea aussitôt de l'inspection de ces tribunaux pour la durée d'une année selon les uns, et de trois années selon les autres, en leur prescrivant de lui rendre compte de leurs travaux.

Il est avéré que ces prêtres, après avoir rempli leur mission, se rendirent au palais pour en rendre compte au souverain, et, dans le rapport qu'ils lui soumirent, ils ajoutaient :

« Si les tribunaux que Votre Majesté a institués dans les provinces de l'Empire rendent la même justice que ceux qui fonctionnent ici, et si ce système continue, Votre Majesté peut être assurée que son puissant et glorieux gouvernement aura bientôt atteint l'apogée de sa gloire, que sa durée sera longue et que la prospérité de ses fidèles sujets sera grande.

Mais tandis que le gouvernement Ottoman établissait son autorité et la consolidait par la justice, d'un bout à l'autre de l'Europe les peuples étaient en proie aux maux qu'engendrent les révoltes et la guerre.

Les nations de l'Ouest et du Nord n'étaient pas encore sorties de l'état de barbarie. Par suite de cette situation, des masses d'émigrés venus de toutes les contrées affluaient vers les pays ottomans, auxquels ils demandaient asile et protection. Ceux qui lisent l'histoire verront la masse des Juifs émigrés qui fuyaient de l'Espagne pour se soustraire aux persécutions; des Arméniens arrivaient pour éviter d'indignes vexations et des Cosaques pour se sauver de l'esclavage de la Russie. Tous ces fugitifs recouvraient leur liberté sur le sol de l'Empire. L'hospitalité qui leur fut offerte et la protection qu'on leur accorda doit faire réfléchir que ce sont aujourd'hui les enfants et les descendants de ces mêmes émigrés qui jouissent encore des mêmes prérogatives et d'une prospérité incontestable, puisqu'elle a été reconnue par nos ennemis eux-mêmes.

Cet état de choses, que je viens d'esquisser à grands traits, dura jusqu'au dix-huitième siècle. Pendant ce temps l'Europe s'était organisée et entrait peu à peu dans la voie du progrès. Vers la fin de ce siècle, un effort vigoureux et énergique imprimait à la civilisation moderne un nouvel essor, et changeait la forme et la nature des gouvernements, mais l'Empire Ottoman, faute d'hommes qui pussent connaitre l'excellence des projets réalisés et la nécessité de faire faire au pays un pas en avant, était resté stationnaire et n'avait modifié en rien ses anciennes institutions, qui elles-mêmes, il faut le dire, étaient tombées dans un état de désorganisation tel qu'un changement de système était devenu inévitable. Les forces matérielles de l'Empire étaient également épuisées par les désordres à l'intérieur et les guerres périodiques qu'il avait à soutenir contre la Russie.

C'est ainsi que, s'affaiblissant tous les jours, il était tombé au rang de puissance de second ordre, après avoir été pendant des siècles l'une des premières puissances du monde ; et, tandis que la civilisation européenne grandissait et s'élevait à l'ombre des libertés que lui assuraient ses nouvelles institutions, la Turquie, privée de ces bienfaits voyait ses forces diminuer et commençait elle-même à avoir conscience des dangers qui la menaçaient.

Pour conjurer ces périls et dans le but de rendre à l'Empire son ancienne splendeur, les hommes d'Etat de Turquie, tels que Réchid, Aaly, Fuad et autres travaillèrent successivement à doter l'Empire d'institutions nouvelles et à détruire les abus de l'ancien régime. S'ils ne furent pas toujours couronnés d'un succès complet, leurs efforts ne demeurèrent pas stériles. La situation de la Turquie, telle qu'elle a été avant la dernière guerre, comparée à ce qu'elle était trente ans auparavant, révèle les changements heureux survenus dans l'état du pays. C'est une transformation surprenante, telle que, dans toute autre contrée, un siècle d'efforts eût paru insuffisant à sa réalisation. Mais telle était aussi la rapidité des progrès faits autour de nous que ces améliorations ne furent bientôt plus suffisantes.

Malgré les réformes accomplies, un certain mécontentement continuait à régner parmi la population et donnait lieu à des plaintes qui étaient portées en Europe par les chrétiens.

D'où provenait ce malaise général, quelle était la cause de ces plaintes? Est-ce parce que les chrétiens ne jouissaient pas d'une égalité parfaite? Mais, depuis les réformes, la condition des chrétiens s'était améliorée sensiblement et même au-delà de toute attente. Beaucoup d'entr'eux étaient admis aux fonctions les plus importantes de l'empire; ils remplissaient les administrations, les tribunaux, les charges de l'Etat et jouissaient en outre de certaines prérogatives que les musulmans ne possèdent pas.

Est-ce parce qu'ils étaient systématiquement opprimés par les musulmans, comme on l'a prétendu ? C'est encore une erreur de le croire. Si les chrétiens ont eu à souffrir des abus de l'administration, les musulmans eux-mêmes s'associaient à leurs griefs et désiraient vivement une amélioration de l'ordre de choses existant ; mais comme les chrétiens, ainsi que je l'ai dit, se faisaient l'écho de ces doléances, l'Europe fut amenée à croire qu'eux seuls en souffraient ?

Quel a été donc le motif réel de ce concert de plaintes qui, de temps à autre, s'élevaient de l'Orient ?

L'explication en est simple : la Porte, par une anomalie malheureuse mais honorable pour elle, avait accordé aux races chrétiennes, plus de liberté et plus de moyens d'instruction qu'elle n'en avait permis aux musulmans. Les ennemis séculaires de notre Empire, profitant habilement de cette circonstance, ont pu aisément inspirer à quelques-unes de ces races des idées séparatistes. Ainsi, les plaintes qu'on entendait en Europe du côté des chrétiens, ne venaient pas précisément de la persécution ou de l'oppression exercée par les musulmans, mais bien de ce qu'on excitait chez les premiers des ambitions que naguère encore ils n'osaient avouer.

Il aurait fallu, dès le début, lorsque des réformes furent entreprises, grouper tous ces éléments autour d'un principe vivifiant et régénérateur qui eût cimenté leur union ; il aurait fallu créer pour ces différentes races, une patrie commune qui les rendit insensibles aux suggestions du dehors. La tâche était difficile, ainsi qu'on a pu le conslater, plus tard par l'attitude de la Chambre, lorsque le régime constitutionnel a été inauguré en Turquie.

La Russie, de son côté, ne négligeait rien, il est vrai, pour nous créer de nouveaux embarras.

Après en avoir appelé, en 1854, au traité de Kaynardjé pour nous faire la guerre, elle a eu recours pour détruire le traité de 1856 à une arme nouvelle plus dangereuse et plus expéditive : le panslavisme. Elle s'est reposée sur les comités pour le soin de semer dans les Balkans le germe de la révolte, pendant que sa diplomatie, si habile dans ses manœuvres, accomplissait sa tâche.

Presque au lendemain de l'évacuation du territoire ottoman par les troupes alliées, le prince Gortschakoff lançait une note pour réclamer contre l'oppression des Bulgares, par le Gouvernement Turc ; une enquête eut lieu et ne révéla aucun acte de cette nature.

Vers cette époque, les Circassiens et les Tartares chassés de leur pays, venaient s'établir en Turquie. C'est ce moment-là que choisit le gouvernement russe pour enjoindre à ses agents d'encourager l'émigration bulgare du côté de Widdin, en faisant croire aux chrétiens que l'intention de la Porte était de les chasser de leurs foyers pour leur substituer les Circassiens.

Vingt mille personnes environ, cédant à ces conseils et se laissant séduire par de belles promesses, abandonnèrent leurs foyers ; mais bientôt elles demandèrent au gouvernement ottoman de les ramener, et, comme ces malheureux avaient dépensé inutilement les faibles ressources qu'ils possédaient, le gouvernement dut affréter des bateaux pour effectuer leur transport, et leur fournir des bœufs et des instruments aratoires pour cultiver les champs qui leur furent restitués.

En 1865 et en 1866, des bandes organisées en Russie vinrent en Bulgarie par la voie de Kischneff et de Bucharest pour y exciter une insurrection. Elles traversèrent le Danube près de Sistov, et s'avancèrent jusqu'aux Balkans, entre Tirnova et Selvi ; mais, n'ayant trouvé aucun appui de la part des Bulgares, elles furent battues et dispersées par la gendarmerie, aidée des habitants du pays. Je dois rappeler ici qu'au passage de ces bandes, le premier acte qu'elles commirent fut le massacre de cinq pauvres enfants musulmans de la ville, âgés de huit à dix ans, qui se trouvaient à la promenade.

Evidemment, le but de cette action horrible était de pousser les musulmans à des représailles contre les chrétiens, et de profiter des conséquences qu'elles entraineraient pour insurger le pays et faire croire à l'Europe que les chrétiens étaient opprimés et massacrés par les Turcs ; mais les musulmans restèrent tranquilles et le plan des meneurs fut déjoué. En présence de cette situation, les comités furent forcés de changer de tactique. Au lieu d'envoyer, comme par le passé, des professeurs aux Bulgares pour instruire leurs enfants, ils recrutèrent chaque année, parmi la population chrétienne, de nombreux élèves qui furent envoyés dans les écoles en Russie, d'où ils revenaient pour propager chez eux les idées panslavistes. Ceci se passait pendant que l'ambassade de Russie à Constantinople obtenait un firman reconnaissant une Eglise bulgare nationale, indépendante de l'Eglise grecque.

Mais je n'ai pas l'intention de suivre la diplomatie russe dans ce qu'elle a fait contre nous, ni de répéter ce que tout le monde sait de l'action exercée par les comités. Je voudrais seulement qu'on n'ignorât pas que ces révoltes, ces insurrections, les extravagances du sultan Aziz dans les dernières années de son règne, les folles dépenses du palais, suivies de mesures désastreuses, que tous ces malheurs qui sont venus successivement fondre sur nous proviennent plus ou moins de la même source.

Je n'ai pas non plus à parler des circonstances qui ont précédé la guerre : elles sont trop connues et de date trop récente pour avoir besoin d'être signalées; seulement, et pour ne dire qu'un mot de la Conférence de Constantinople, je ferai remarquer qu'une lecture attentive du premier paragraphe de l'annexe à la circulaire du prince Gortschakoff, parue au *Journal officiel* de Pétersbourg le 9 avril, démontrera que ce que la Russie a voulu obtenir de la Turquie par la Conférence ne différait guère des conditions qu'elle lui a imposées par son traité de San-Stéphano, dont le noble marquis de Salisbury a fait justice dans son admirable écrit du 1er avril. Il nous est, dès lors, permis de dire que la Turquie ne pourrait adhérer spontanément à des propositions que la Russie, malgré ses victoires, a peine à faire accepter à l'Europe. Il n'y a pas de gouvernement, il n'y a pas de nation au monde qui eût pu accepter ces conditions; nous ne le pouvions certainement pas, car, chez nous, le peuple voulait défendre à tout prix ses intérêts et sa dignité, et cinq cent mille soldats attendaient l'ordre de combattre et réclamaient l'honneur de mourir pour leur pays.

La Turquie n'ignorait pas quelles étaient à son égard les dispositions du gouvernement Anglais ; le cabinet Britannique avait déclaré nettement qu'il ne se mêlerait pas de notre querelle. Cette décision, nous la connaissions très bien ; mais nous savions encore mieux que les intérêts généraux de l'Europe et les intérêts particuliers de l'Angleterre se trouvaient tellement enveloppés dans notre querelle avec la Russie que malgré toutes les déclarations du cabinet Anglais, il était tout à fait impossible que cette puissance ne fût pas forcée de s'en mêler tôt ou tard. Cette conviction profonde, jointe aux raisons que nous avons données, a été un des points de départ de notre lutte avec la Russie. La conduite ultérieure du gouvernement Anglais a justifié les prévisions des ministres ottomans, l'Angleterre est intervenue comme ils l'avaient prévu, malheureusement un peu plus tard qu'ils ne l'avaient calculé.

Ainsi qu'on a pu en juger par ce qui précède, le seul mobile de la politique de la Russie en Orient a été le droit de protection que de tout temps elle a voulu exercer sur les chrétiens, sous le prétexte qu'ils étaient opprimés par les musulmans.

C'est cette thèse qu'elle a soutenue devant l'Europe et dont elle s'est fait une arme contre nous. Ce qui a donné le change à l'opinion, c'est que l'élément chrétien au sud-est de l'Europe, travaillé par des influences politiques et par l'action délétère et malfaisante des comités, sortait quelquefois de la légalité et avait recours à des moyens violents, non pour se soustraire aux abus de l'administration, comme on l'a prétendu, mais bien pour la réalisation de l'idée panslaviste. Ce n'est pas que ces abus n'aient pu fournir le prétexte d'un soulèvement, mais des faits récents ont démontré que ce n'est pas afin de détruire ces abus que les révoltes avaient lieu, mais plutôt pour conquérir l'autonomie et l'indépendance : sauf du côté des Bulgares, qui ont été un instrument absolument aveugle entre les mains de ceux auxquels ils s'étaient abandonnés. Ce qu'on a voulu et ce qu'on a poursuivi avec énergie, c'est l'émiettement des forces de l'Empire au profit du panslavisme, c'est l'influence et l'action d'une grande puissance s'établissant du Pruth au Bosphore et de la mer Noire à l'Adriatique.

Il me semble que l'intérêt chrétien disparait totalement ou du moins qu'il subit une dépréciation marquée en face de cet immense intérêt politique qui révèle un système de domination universelle dont l'Europe est effrayée. Ce qui le prouve, ce sont les témoignages d'amitié que la Russie nous a prodigués aussitôt après la signature du traité de San-Stéfano.

On sait avec quel empressement elle a recherché notre alliance contre l'Europe, à laquelle cependant elle avait fait croire qu'elle n'entreprenait cette guerre que pour elle et par amour des chrétiens.

Mais il ne suffit pas de récriminer contre le passé et le présent, il faut encore et surtout songer à l'avenir. Comment remédier à la situation présente, et quel est, dans ces circonstances, le meilleur moyen à employer ?

A l'heure qu'il est, les solutions abondent : c'est un débordement des imaginations qui s'explique par les embarras de la situation et par ce besoin pressant et légitime que l'on a d'en finir avec une question qui est la cause du malaise général dont souffre l'Europe.

Nous sommes nous-mêmes intéressés à voir se produire une détente de la situation actuelle du pays, situation devenue intolérable pour les malheureuses populations de la Turquie. Notre pays, naguère florissant et prospère, est presque couvert maintenant de ruines, et sa situation réclame plus que jamais une solution équitable.

Pour moi, je n'ai pas la prétention d'en proposer une ; mais, ayant gouverné pendant plusieurs années les provinces du Danube, il n'y a pas présomption de ma part à vouloir émettre quelques considérations sur la Roumélie et la Bulgarie, avec quelques indications sommaires sur lesquelles je me permets d'appeler l'attention de ceux qui, à un titre quelconque, s'occupent, en ce moment, des destinées de la Turquie.

Et, d'abord, on doit considérer que parmi les Bulgares, auxquels on témoigne un si vif intérêt, il y a plus d'un million de musulmans.

Dans ce nombre, ni les Tartares, ni les Circassiens ne sont compris. Ces musulmans ne sont pas venus d'Asie pour s'établir en Bulgarie, comme on le croit communément : ce sont les descendants des Bulgares convertis à l'islamisme, à l'époque de la conquête et dans les années qui ont suivi ; ce sont les enfants d'un même pays, d'une même race, sortis de la même souche ; il en est parmi eux qui ne parlent d'autre langue que le bulgare. Vouloir arracher ce million d'hommes à leurs foyers et les expulser loin de leur pays, constitue, à mes yeux, l'acte le plus inhumain qu'on ait pu commettre. En vertu de quel droit, au nom de quelle religion agirait-on ainsi? je ne crois pas que la religion chrétienne le permette, et je sais que la civilisation a son code, que l'humanité a ses lois, pour lesquels le dix-neuvième siècle professe un grand respect. D'ailleurs, nous ne sommes plus aux temps où on pouvait dire aux musulmans: « Faites-vous chrétiens si vous voulez rester en Europe ».

Il convient de dire aussi que les Bulgares sont très arriérés sous le rapport intellectuel; ce que j'ai dit des progrès réalisés par les races chrétiennes ne les concerne pas, mais seulement les Grecs, les Arméniens et les autres. Parmi les Bulgares, on compte 50 0/0 de laboureurs et non moins 40 0/0 de bergers, éleveurs de troupeaux, faucheurs d'herbe, etc.

Quant aux Bulgares musulmans, grâce à l'instruction puisée dans l'enseignement religieux et à l'expérience qui résulte d'une longue pratique du gouvernement, ils ont acquis avec le temps, un développement plus marqué de leurs facultés intellectuelles, qui les rend en quelque sorte supérieurs aux autres, ce que les Bulgares eux-mêmes reconnaissent.

Vouloir aujourd'hui que ceux qui commandent depuis quatre siècles soient gouvernés par ceux qui leur obéissaient hier, et qui sont inférieurs par l'intelligence, c'est chercher évidemment à créer dans la péninsule des Balkans un état de choses tel que l'Europe, pendant une génération encore, en serait troublée; car les musulmans Bulgares, avant de quitter leur pays et de renoncer à leurs propriétés et à leurs biens, engageront une lutte sanglante qui a déjà commencé et qui continuera : mais qui, si elle était étouffée, renaitrait encore pour troubler l'Asie et l'Europe. Les chrétiens, notamment les Grecs, combattront dans les rangs des musulmans pour être délivrés du joug Bulgare, qu'ils détestent; leurs intérêts communs conseillent aux uns et aux autres de s'unir pour la défense de leur cause.

Non, on ne saurait, sans de grands inconvénients pour la paix du monde, expulser de leur pays un million de Bulgares par la raison qu'ils sont musulmans, ni faire que les subordonnés d'hier deviennent les maitres d'aujourd'hui.

Si on conclut de ce qui précède que nous désirons que rien ne soit changé à l'ancien état de choses, nous répondrons que tel n'est point notre avis. Nous voudrions seulement que l'on s'occupât à la fois du sort des chrétiens et de celui des non-chrétiens, que la transformation graduelle de l'Orient s'effectuât au profit des uns et des autres et que les améliorations dont on veut doter une partie de la population ne constituât pas le malheur et l'infortune de l'autre. Il y a là, ce me semble, une question de justice et d'équité dont on ne s'aurait s'écarter sans encourir le reproche de ne pas être de son temps ou de son siècle, et il serait véritablement douloureux pour l'humanité de voir qu'il se passe dans les temps de la civilisation des faits que désavoueraient les siècles de barbarie.

Mais, quel serait le moyen de sortir de ces difficultés?

Je n'ai pas la prétention, ainsi que je l'ai dit plus haut, d'en avoir trouvé un; mais il me semble qu'une délimitation plus équitable de la Bulgarie serait de nature à satisfaire, dans une juste mesure, tous les intérêts ; je parle, bien entendu, de ceux qui concernent la population, et je n'ai garde de m'occuper des intérêts de la politique, qui ont leurs champions et leurs défenseurs.

Une Bulgarie qui, partant du Danube au point où s'est effectué le passage de l'armée russe à Sistow, suivrait le cours de la Yantra, passerait entre Osman-Bazar et Tirnova, traverserait les Balkans entre Gabrova et la passe de Chipka et suivant les crêtes des montagnes arriverait à Ichtiman, puis à Somakof et Kustendil, pour aboutir à Leskovatch et de ce point à la frontière serbe en suivant le cours de la Morawa, suffirait, je crois, à satisfaire bien des ambitions.

Cette vaste contrée, habitée par deux millions d'âmes environ, serait limitée : au nord par le Danube, à l'ouest par la Serbie et la Morawa, au sud par le vilayet de Roumélie et une partie des Balkans, à l'est par la Yantra. Elle comprendrait les districts dont les noms suivent : Sistow, Nicopoli, Rabova, Lom, Widdin, Adlié, Belgraddjik, Bercovitza, Vraca, Loftcha, Plevna, Selvi, Tirnova, Gabrova, Ichtiman, Somakof, Isladi, Orkhanié, Sofia, Dobniza, Radomir, Kustendil, Lescovatch, Nich, Iznebol et Pirot.

Dans les vingt-six districts que je viens d'énumérer, les Bulgares chrétiens sont en grande majorité : la proportion varie de 60 à 80 pour cent, suivant les localités. C'est le contraire qui a lieu dans les districts situés à l'est de la Yantra, tels que Roustchouk, Razgrad, Osman-Bazar, Choumla, Totrakhan, Silistrie et les districts de Toultcha, et de Varna. Là, on compte 70 pour cent de musulmans, et le reste Grecs, Arméniens, Allemands, Lipovans, Cosaques, Valaques, Bulgares et autres. Plusieurs localités sont même exclusivement habitées par des musulmans, ainsi que cela se voit de Dely Ormann à Silistrie, de Guerlova à Choumla, de Tozlouk à Osman Bazar, etc.

D'ailleurs, la formation d'une Bulgarie ainsi limitée aiderait puissamment, sinon à satisfaire tous les intérêts, du moins à éviter encore pour longtemps de nouveaux conflits. Les musulmans qui ne voudraient pas rester dans la nouvelle principauté, pourraient faire l'échange de leur propriété avec ceux des chrétiens bulgares qui auraient le désir de s'y établir. Une commission mixte serait instituée pour régler ces questions d'ordre local.

La nouvelle Bulgarie constituerait un self-government tributaire de la Porte; et le gouvernement Ottoman, en prenant vis-à-vis de l'Europe l'engagement formel de ne pas intervenir dans l'administration intérieure de cette principauté, se réserverait toutefois le droit d'occuper les forteresses de Widdin et de Nich, pour la défense du pays vis-à-vis de l'étranger.

Tous les autres districts, y compris les forteresses du quadrilatère, appartiendraient exclusivement, comme par le passé à l'Empire ottoman. Ces districts ne jouiraient d'aucune institution spéciale, mais ils bénéficieraient, à l'instar des autres provinces, des avantages réels et incontestables que devra leur assurer une exécution rigoureuse de la Constitution.

De tous les systèmes de gouvernement qu'on pourrait établir, de tous les projets d'administration qu'on pourrait imaginer, la Constitution ottomane, loyalement exécutée, est assurément ce qu'il y a de meilleur pour l'Orient, puisqu'elle porte en elle le germe de sa régénération future par le développement intellectuel et matériel de toutes les races.

Cette constitution, ayant été donnée par le souverain à ses peuples, leur sera conservée ; elle est devenue leur bien, et ils attachent d'autant plus de prix à sa possession qu'ils sont convaincus que c'est là seulement que se trouve le salut du pays.

Le fait que des difficultés matérielles se sont opposées jusqu'ici à la mise en pratique complète de cette Charte nationale, cet autre fait que quelques-uns ont eu à en souffrir, n'ôtent rien à sa valeur. Tout le monde, en Turquie, désire voir le régime constitutionnel s'y acclimater, s'y fortifier et devenir à la fois l'âme et le moteur de nos institutions.

On pourrait, toutefois, objecter avec quelque raison que son application soulève encore des doutes dans les esprits. Ces doutes ne peuvent provenir que de ce que la Porte n'a pas exécuté complètement certaines réformes promises ; mais je trouve que l'opinion, en général, ne tient pas assez compte des difficultés nombreuses que la Porte a rencontrées dans la tâche qu'elle s'était imposée, difficultés qui se sont souvent compliquées d'une action étrangère tendant à susciter à toute occasion à la Turquie, des désordres intérieurs qui l'ont naturellement empêchée de remplir exactement les engagements qu'elle avait contractés vis-à-vis de l'Europe. Ceux qui ont suivi avec une attention soutenue la marche des événements en Orient, ont dû remarquer qu'il n'y avait rien que la Russie redoutât plus qu'une amélioration réelle de la situation en Turquie. Aussi, s'est-elle toujours déclarée contre ceux qui, dans diverses circonstances, avaient l'initiative de nouvelles réformes à introduire dans l'administration du pays ; et il n'est pas puéril de penser qu'en proclamant la Constitution, la Porte a pour ainsi dire accéléré l'explosion de la guerre; non que la Russie ne fut pas résolue à la faire, mais elle aurait pu l'ajourner quelque temps encore si la promulgation de la Charte Ottomane n'était venue hâter sa résolution d'attaquer la Turquie pour l'annihiler complètement si c'était possible, ou pour la réduire à un état tel qu'il lui fût impossible de se relever.

Cette Constitution, je dois en convenir, n'a pas encore et ne peut pas avoir par elle-même la consistance et l'autorité des vieilles constitutions européennes ; mais cette absence d'autorité, l'Europe pourrait y suppléer facilement ! L'Europe, qui a tant harcelé la Porte par ses ingérences souvent injustes, aurait là une occasion parfaitement légitime d'exercer une surveillance active pour l'exécution de cette charte qui résume tous les progrès possibles de l'Orient.

Cette surveillance collective aurait, en outre, pour résultat, de neutraliser l'action de la Russie en Orient, action qui s'est exercée jusqu'ici à son seul profit et au plus grand préjudice des intérêts européens.

La Turquie, en un mot, doit être gouvernée par le régime Constitutionnel si l'on veut sincèrement que des réformes sérieuses y soient appliquées, que la fusion se fasse entre les diverses races et que de cette fusion naisse le développement progressif des populations, à quelque race et à quelque religion qu'elles appartiennent. C'est le seul remède à nos maux et l'unique moyen que nous ayons de lutter avantageusement contre les ennemis du dehors et du dedans.

Mon but, en écrivant ces lignes, sera pleinement atteint si, ayant fait connaître quelques-unes des difficultés inextricables dont notre chemin a été vicié, je parvenais à convaincre ceux qui ne nous honorent pas de leur sympathie qu'ils se doivent à eux-mêmes de nous juger avec moins de sévérité et plus d'équité, et à démontrer en même temps à nos amis, tout en les confirmant dans leur bonne opinion à notre égard, que leur confiance en nous n'est point déplacée.

MIDHAT.

www.ingramcontent.com/pod-product-compliance
Lightning Source LLC
Chambersburg PA
CBHW060559050426
42451CB00011B/1991